Encuentra tu luz

GEMA PÉREZ

Título original
Encuentra tu luz

Autora
Gema Pérez Caño

Ilustración
Gema Pérez Caño

Diseño y maquetación
Gema Pérez Caño

2025

© **Gema Perez Caño**
Encuentra tu luz
ISBN Libro en papel: 978-84-685-8761-5
ISBN eBook en PDF: 978-84-685-8762-2
Impreso en España
Editado por Bubok Publishing S.L

Encuentra tu luz

GEMA PÉREZ

INTRODUCCIÓN

¡Bienvenidos a un nuevo libro, **Encuentra tu luz**! En el, exploraremos el fascinante mundo del niño interior y cómo reconectar con esa parte juguetona, creativa y auténtica que todos llevamos dentro. Acompáñame en este viaje de autoexploración y descubre cómo cultivar una relación más profunda y enriquecedora contigo mismo/a. Prepárate para despertar la alegría, la curiosidad y la magia que residen en tu corazón desde la infancia. ¡Vamos a comenzar esta emocionante aventura juntos!

ÍNDICE

CONEXIÓN CON NUESTRO NIÑO O NIÑA INTERIOR

Que quiero decir con esto, pues que cuando digo que conectemos con nuestro interior, hablo de conectar con eso que realmente sentimos. Donde sentimos nuestro ser.
Es donde no hay dudas, ni miedos, ni juicios solamente nosotros mismos.

La verdadera conexión es un espacio que creamos hacia nosotros mismos y hacia los demás.

Cuando nacemos estamos conectados. Somos amorosos ,llenos de luz, de amor, bondad, conectados a nuestra madre a través de ella, o sea ella siente lo que yo siento y yo siento lo que ella siente. Lo que pasa que cuando nacemos nos desconectamos de ella y es ahí cuando se inicia la desconexión, que luego la tendremos que buscar en los adultos.

Digo desconexión porque nuestra necesidad más interna y fisiológica es cuando tu madre te pone en la cuna y te deja llorar o te impone horarios, etc.... Pues para nosotros cuando somos bebés, el amor materno es lo mismo que el amor hacia nosotros mismos, debido a la fusión emocional que hay entre tu madre y tú.

Lo que pasa que esa fusión desaparece ya que nuestra madre también está desconectada de su sí misma, por lo cual no puede fusionar. Y esto es debido a que su madre también estaba desconectada de ella y no fusionó con ella y así podemos seguir transgeracionalmente y ver como la desconexión interior ha estado presente desde nuestros ancestros, sin ni siquiera saberlos ellos mismos.

La fusión emocional no viene toda de nuestra madre, sino también de la escuela, donde nos dicen lo que tenemos que hacer y aprender, cuando y cuanto memorizar, nos dicen cuando podemos hablar y callar, cuando ir al baño, etc..... Así se hace imposible que un niño no pierda esa conexión hacia sí mismo, porque le estamos enseñando a seguir indicaciones que los demás les dan, no lo que él siente y cree que está bien para él, o lo que quiere decir o necesita en ese momento. En definitiva le estamos sometiendo a cosas que él no siente.

¿y qué podemos hacer ante esto? Pues ahora ya nada, porque ya pasó, pero podemos hacer algo aquí y ahora.
Podemos despertar de ese sometimiento o sueño fuera de nosotros mismos.

Pues lo podemos hacer con simples casos, por ejemplo: cuando vas por la calle y ves un niño jugando con su perro te sorprende u otras cosas de la vida cotidiana. Seguro que tienes momentos en tu vida que te acuerdas cuando eras pequeños y te ries o bailas o cantas, son cosas insignificantes pero que cuando eras niño puede ser que no lo hicieras, por el echo del que dirán o por que te lo prohibían, pero que ahora lo haces sin remordimiento ninguno.

Esas son cualidades que forman parte de lo que realmente somos, pura esencia.

Es importante conectarnos con nosotros mismos para poder escucharnos y nutrirnos de lo que realmente necesitamos en el momento.

Tendemos a llenar nuestra vida, nuestro tiempo, de cosas que no nos sirven de nada, tanto a nivel material como de pensamientos, sentimientos y emociones. Si conectamos con nuestro interior nuestra vida empezará a cambiar de manera positiva, porque será un reflejo de nuestro interior.

¿Y cómo podemos saber si fluimos con la vida? Pues muy sencillo. Pregúntatelo siguiente: ¿ Soy feliz?

Esta pregunta es importante de responderla honestamente posible, sino te estarás engañando tu mismo. Si tu respuesta es no, es que estás viviendo una vida que no te corresponde. La conexión con tu ser te va a permitir poder sacar aspectos de tu vida que quieras transformar o soltar para vivir en plenitud.

LLEVAR UNA VIDA PLENA ES VIVIR FUERA COMO ME SIENTO DENTRO.

Al principio puede ser extraño o doloroso conectar con nuestro interior debido a que conectaremos con sentimientos y emociones que estaban dormidas y llevaban mucho tiempo ahí escondidos, según lo que profundicemos en nuestro proceso. El echo de poder sacarlo y dales luz nos va ayudar a sanar interiormente. Es importante fomentar nuestro diálogo interno con nuestro ser.

Por ejemplo: ¿Cómo me siento hoy?

¿Qúe aspectos de mi vida están generando alegría o preocupación en este momento?

¿ Cúales son mis metas a corto o largo plazo, y cómo puedo avanzar hacia ellas?

Así percibirás la vida como una oportunidad para experimentar y crecer a nivel espiritual, además de fluir con la energía y experimentar lo que realmente somos, pura esencia.

Aquí te dejo unos consejos para que fomentes tu diálogo interior:

1 – Practica la meditación.

2- La repetición de alguna frase : YO SOY PAZ, YO SOY FUERTE, YO SOY ABUNDANCIA. O la frase que a ti mas te resuenen en ese momento.

3- Practica la gratitud diaria: por ejemplo: dar las gracias por un nuevo día, o doy las gracias por las personas que están en mi vida, o lo que más sientas.

SI YO CAMBIO, EL MUNDO CAMBIA.

Todos tenemos un niño interior que duerme en nuestro inconsciente. Un niño que tenemos olvidado, porque pensamos que era necesario desprendernos de él, para poder vivir, crecer como un adulto. Pero en realidad, todos hemos pasado por momentos difíciles cuando éramos niños, que nos han provocado sufrimiento en algún momento de nuestra vida. De pequeños éramos vulnerables y nos herían con mucha facilidad, una palabra subida de tono de nuestros padres, castigos, límites donde nos restringían nuestro saber interior, pero no éramos conscientes, ya que nuestra prioridad era sentirnos amados y protegidos, cosas que muchos niños no consiguen en su infancia, pero tampoco son conscientes en esos momentos.

Todo lo que nos ocurre desde pequeños se guarda en nuestro inconsciente, que hace que cuando algo doloroso pasa o hay sufrimiento, saltan las alarmas y sintamos el sufrimiento del pasado, de cuando éramos niños, sin saber de donde nos viene y reaccionamos de la misma manera y de forma automática que cuando éramos pequeños.

También nos puede pasar que con esa emoción nos vengan imágenes de nuestra infancia. Por eso es importante ahora de adultos estar conectados con nosotros mismos, y sanar nuestra relación con nuestro niño interior, muchas veces olvidado y herido por el pasado.

Nuestro niño interior tiene la capacidad de sentir y expresar los sentimientos sin temor, y responde muy bien a las caricias, a la ternura y al amor. Cuando vivimos desconectados de nuestro interior, vivimos en una vida adulta en lo mental, enfocada en la acción en hacer y actuar y nos olvidamos de lo más importante, nuestro interior como personas. Todos estos procesos nos llevan a la incoherencia, porque creemos que somos coherentes y que nuestra razón nos muestra la verdad y el camino a seguir, pero en realidad no es así , porque estamos desconectados. Tampoco prestamos atención a nuestra sabiduría interna y solo hacemos caso a nuestra mente y lo que nuestros pensamientos nos dicen, haciendo caso omiso a nuestra intuición.

El niño herido esto se debe que lo hemos desterrado en ocasiones ignorado, aunque lo ignoremos, no significa que no esté , de echo siempre está con nosotros intentando captar nuestra atención, pero nosotros como adultos, intentamos escapar del sufrimiento y de nuestras heridas, creyendo que: no gestiona su frustración, que se enfada cuando no sale como el quiere, que se avergüenza de él mismo y del otro, que se entristece y huye cuando se siente rechazado, etc..... Todo esto que nos pasa son nuestros niños interiores no sanados, que nos están pidiendo que les demos amor, presencia, de todo. Porque pensamos que eso que necesitamos lo vamos a tener del exterior o que mamá o papá se lo va a dar.

Ahora lo que toca es sostener a nuestro niño herido, triste, enfadado, rechazado, etc... Nosotros somo ese adulto que le va a dar amor, presencia, atención cuando él lo necesite. Y ésto pasará cuando sucedan cosas que ya vivió y va a reaccionar de la única manera que aprendió a sentirse amado. Por ejemplo: si para ser amado nuestro niño interior se enfadaba y gritaba, cuando el adulto viva una situación similar se activará su niño y resolverá en automático con enfados, gritos o todo lo contrario, encerrándose en sí mismo.

Escapar no acaba con el sufrimiento, sino que lo prolonga aún más.

Lo primero es necesario conocer , que le pasa, porque reacciona así, que necesita para poder dárselo.

Lo segundo observa cuando mi niño interior se activa y toma el lugar de adulto, o sea saber cuando estoy en el niño y cuando estoy en el adulto.

El niño interior y herido está en nuestro cuerpo, solo hace falta ir hacia nuestro interior y contactar con él, a través del amor. Expresar abiertamente amor produce estabilidad emocional, hallá donde vayas, expresa y dá amor.

El amor de otras personas nos puede ayudar mucho en nuestro proceso de desarrollo interior. Cuando el adulto ama, cuida y protege al niño interior que lleva dentro, entonces, el adulto conecta con su propia esencia, su ser, con el amor que es y así podrá desarrollar una vida más plena, feliz y en coherencia con lo que es realmente, como piensa, siente y hace en todo momento y en todas las facetas de su vida. La elección que nos lleva al cambio. Nos produce bienestar emocional, ya que amplia nuestra capacidad de tratarnos y tratar a los demás con amor y respeto.

Verdad que cuando ríes, el mundo ríe contigo, pero en cambio cuando lloras lo haces solo. La alegría se contagia y la amargura repele, y es ahí cuando muchas veces repelemos a nuestro niño herido.

Te muestro unos ejemplos:

Si un niño vive criticado: el niño aprende a criticar.
Si un niño vive con tolerancia: el niño aprender a ser tolerante.
Si un niño vive con estímulos: el niño aprende a confiar.
Si un niño vive con seguridad: el niño aprende a tener fé.

En una relación inconsciente con nuestro niño interior, nos sentimos heridos, incompletos y con baja autoestima. Sin embargo en una relación consciente el niño lo ha integrado todo con su verdadero ser, tiene comportamiento tranquilo y reflexivo, o sea está conectado y vive en coherencia con la realidad.

Ahora te hablo de tener conciencia plena, que quiero decir con esto, pues que tenemos que vivir con conciencia, a crear conciencia en todo lo que hacemos diariamente. Es como si despertaras de ti mismo. Es un descubrimiento sobre nosotros mismos, lleno de emociones que nos engrandecen, pero otras veces nos perturban, pero una vez las trasciendes te vas liberando en este viaje.

En este viaje tú eres el que lleva el timón de tu propia vida, tu eres el que lo conduce todo, tanto lo bueno como lo malo. En la mayoría de las personas vivimos dormidas y reaccionamos en piloto automático; nacemos, vivimos, trabajamos, formamos una familia y morimos sin darnos cuenta que pasamos por la vida dormidos, en un sueño inconsciente, que nos aleja de la verdadera existencia, viendo pasar la vida por un lado, mientras pensamos en hacer cosas más importantes que la vida, no valoramos lo que tenemos hasta que lo perdemos, y que razón hay en estas palabras. Casi nunca tenemos tiempo de parar y observar todo lo que ocurre en nuestro alrededor y lo mas importante observarnos a nosotros mismos e incluso escucharnos interiormente si necesitamos algo.

Vamos tan rápido por la vida, que solo pensamos en hacer y no nos paramos en preguntarnos en el "Cómo" o "Para qué". Tomar conciencia es llegar a ser alguien diferente al que somos ahora, pero siendo nosotros mismos.

No te pienses que es complicado, ¿no?, no es más que liberarte de creencias que has ido acumulando desde que eras pequeño y desde generaciones anteriores, de las creencias que nos limitan y nos generan miedo para que no avancemos en la vida. Es desaprender de nosotros mismos para volver a aprender de nuevo.

En este despertar que te estoy hablando con total confianza se produce porque sentimos que hay algo más de lo que conocemos, y de lo que conocemos no es todo lo que existe. Tenemos una intuición o nuestro ser nos dice que hay más cosas que lo que podemos ver, oler o tocar. En muchas ocasiones esta búsqueda se inicia de joven y otras cuando ya somos adultos. El momento da igual, lo importante es estar en el camino correcto de introspección y crecimiento de uno mismo. La conciencia es como la bella durmiente, esta todo el rato dormida, mientras nuestra personalidad vive la separación y va aprendiendo en base a los errores que cometemos. El camino hacia la conciencia plena se inicia a través de preguntas que nos hacemos sobre nosotros mismos y sobre la vida. En cambio las respuestas las recibes según tu comprensión e integración que vas adquiriendo en momentos o relaciones de la propia vida.

Cuando en realidad tomamos conciencia de cosas, relaciones, etc... es como si subieras escaleras muy rápido, pero luego vuelves a bajar dos escaleras de golpe, eso no pasa nada, pero si te das cuenta, sabrás en donde estás en ese momento y no te dejarás ir de arriba abajo según te venga la vida. Y ahora es cuando llegamos a la guinda del pastel, para llegar a esta conciencia plena solo hay un camino, vivir el presente, aquí y ahora, estar atento a lo que pensamos y lo que sentimos, tener momentos de silencio con nosotros mismos y conectar con nuestro interior. La meditación y el mindfulness ayuda mucho y te acompaña en el camino. Es solo ponerse y dedicarse un rato al autocuidado personal propio.

Como te he comentado anteriormente, llevamos una vida frenética y excesiva, estamos expuestos a sufrir constantemente sobre situaciones en nuestra vida que percibimos como negativa. También nos creamos expectativas sobre personas, situaciones, proyectos, etc... y cuando todo esto no se cumple nos enfadamos y frustramos. Sentimos que perdemos el control sobre la persona o la situación en la que estamos porque no ocurre lo que nosotros esperamos. También tenemos otro aspecto que es nuestra mente, ésta tiene una habilidad de pasar del pasado al futuro y al contrario, en segundos.

Por ejemplo: cuando recuerdas algo de tu pasado te genera emoción y sentimiento. Lo traes al presente y lo proyectas para vivir esa situación mental, y te provoca pesar y dolor. Tu mente se identifica, y con las emociones y sentimientos que ésta te generó, por ahí empieza el sufrimiento, por algo que ni siquiera existe, por eso se le llama ego: tu mente hace que te identifiques con algo que realmente no eres.

Ahora es cuando desde donde estas debes de comenzar a gestionar tu vida. Y te haces la siguiente pregunta: ¿ A qué regalo mi paz interior?, si paras y te observas, te das cuenta que pierdas tu calma, tu paz.

Ahora te voy a dar dos ejemplos muy prácticos de la vida cotidiana. Imagina que te vas a duchar y no sale agua caliente, o que alguien te esté tocando el timbre de casa sin parar, estas dos situaciones seguramente te hacen perder los nervios muy rápido. Y entonces: ¿A qué he regalo mi paz interior? ¿ A un grifo, o al timbre de casa?. Realmente visto de esta manera, es ridículo actuar así verdad. Por que lo único que conseguirás es que pierdas los nervios y encima el problema no se solucione y lo que consigas es empezar el día de muy mala pata y con la energía por los suelos. Para que me entiendas, regalar tu paz es como si le dieras el mando a distancia a los demás y a las situaciones para dirigirte y controlarte tus emociones y sentimientos, eso es estar desprotegidos frente a ellos, y a lo que pueda pasar. Estos son algunos de los ejemplos de las veces que regalas tu paz al día ¿ Qué puedes hacer para que eso no ocurra? Trabajar tu interior, eso te permitirá gestionar tu vida desde la calma y la paz.

Lo cual te provocará ver y vivir la vida desde una perspectiva diferente a como la veías. Introducir cambios es nuestra manera de pensar y actuar son muy útiles las siguientes prácticas:

1-Dedica tiempo al no-hacer , para que aprendas a calmar el cuerpo y la mente.

2-Acepta a las personas tal y como son, sin cambiarlas. Nosotros podemos cambiar la manera de relacionarnos con ellas, pero no manejarlas a nuestro antojo.

3-Acepta las circunstancias de la vida, sean las que sean. Solo así podrás gestionarlas, desde la calma y el amor.

4-Sé honesto contigo mismo, te dará tranquilidad y te alejará del miedo.

5-Centra tu atención en lo positivo de las personas y no en sus defectos, y ver que pueden compartir.

6-Y recordarte a ti mismo que me estás leyendo, lo que realmente eres, un ser de amor con una esencia única.

Una persona que vive en plenitud, es aquella que encuentra satisfacción en sus relaciones, actividades y propósito en la vida. Esta persona se siente en armonía consigo misma, disfruta del presente, tiene metas claras y se esfuerza por alcanzarlas, mientras cultivas la gratitud y el bienestar emocional.

La verdadera felicidad y plenitud se encuentra en apreciar cada momento y encontrar alegría en las pequeñas cosas de la vida, por muy pequeñas que sean, son importantes.

Pero...........

En muchas ocasiones encontramos resistencias al cambio, nos creamos argumentos, razones y motivos para continuar aferrados a la vida que conocemos, a nuestras creencias y nuestra manera de pensar, pero siento decirte que esto es el ego, el que te lo esta diciendo, que se alimenta y vive contigo mismo para que sigas sufriendo, teniendo miedo, etc.... La vida es como una escuela y las experiencias que vivimos son nuestros maestros.

Solo tenemos que querer para poder cambiar, no te digo que cambies de personalidad, sino de perspectiva, es un cambio en la mirada y la forma que ves el mundo que te rodea y de vernos a nosotros mismos.

Ahora quiero que hagas un ejercicio para ti mismo/a: consiste en escribir una carta a tu niño interior, es un ejercicio para que te conectes con el , por ejemplo cosas que te gustaba hacer de pequeño, o querías ir a ver a tus abuelos o quería ir a la cama de tus padres. Da igual lo que escribas ya sea positivo o negativo. Luego haz una visualización, imagínate todo lo que has escrito en la carta como si hubiera pasado en realidad. Seguro que a partir de ahí te sentirás más feliz y tranquila.

EJERCICIOS

Visualización guiada: Siéntate en un lugar tranquilo y cierra los ojos. Visualiza un lugar seguro y feliz de tu infancia. Imagina que estás allí, rodeado de cosas que te hacen sentir feliz y seguro. Explora este lugar en tu mente y toma nota de cómo te sientes mientras lo haces.

Dibuja o pinta: Dedica un tiempo a expresarte creativamente. Puedes dibujar o pintar algo que te recuerde a tu infancia, o simplemente dejar que tu mano se mueva libremente sobre el papel, sin preocuparte por el resultado final. Esta actividad puede ayudarte a conectar con tu lado más creativo y despreocupado.

Escribe una carta a tu niño interior: Escribe una carta a tu yo más joven, recordándole lo valioso y especial que es. Puedes compartirle consejos o palabras de aliento, y decirle cuánto lo quieres. Esta actividad puede ayudarte a cultivar la autoaceptación y el amor propio.

Juega: Dedica un tiempo a jugar como lo haría un niño. Puedes jugar con juguetes, dibujar con crayones de colores, construir algo con bloques o simplemente correr y saltar al aire libre. Permitirte jugar sin preocupaciones puede ayudarte a liberar el estrés y reconectar con tu inocencia interior.

Escucha música de tu infancia: Escuchar música que solías disfrutar cuando eras niño puede evocar recuerdos felices y despertar emociones positivas. Toma un momento para escuchar algunas de tus canciones favoritas de la infancia y permítete sumergirte en la nostalgia.

Practica la gratitud: Dedica unos minutos cada día a reflexionar sobre las cosas por las que estás agradecido en tu vida. Puedes escribir en un diario o simplemente hacer una lista mental. Recordar las cosas buenas puede ayudarte a reconectar con la alegría y el asombro que sentías cuando eras niño.

Crea un ritual diario: Establece un ritual diario que te ayude a conectarte con tu niño interior. Puede ser algo simple, como tomar unos minutos cada mañana para recordar un momento feliz de tu infancia o dedicar un momento antes de acostarte para visualizar tus sueños.

Recuerda que conectar con tu niño interior es un proceso personal y único para cada persona. Experimenta con diferentes actividades y encuentra lo que funciona mejor para ti. Lo más importante es ser amable contigo mismo y permitirte disfrutar de la alegría y la inocencia que trae consigo conectar con esa parte de ti mismo.

PREGUNTAS REFLEXIVAS

1- ¿Qué actividades solía disfrutar cuando eras niño que aún te traen alegría y satisfacción?

2- ¿Qué sueños y aspiraciones tenías cuando eras niño que aún resuenan conmigo hoy en día?

3- ¿Cúales eran tus miedos y preocupaciones cuando eras niño, y cómo han influido en tí como adulto?

4- ¿Qué lecciones importantes aprendí de mis experiencias de la infancia que aún aplico en mi vida adulta?

5-¿Cómo puedo incorporar más juego y creatividad en mi vida diaria para conectarme con mi niño interior?

6- ¿Qué aspectos de mí mismo he dejado atrás o he ignorado desde que era niño, y cómo puedo reconectar con ellos ahora?

7- ¿Qué recuerdos de la infancia me hacen sentir más feliz y llenos de vida, y cómo puedo revivir esas experiencias de manera consciente?

8- ¿Cómo puedo nutrir y cuidar a mi niño interior para que se sienta seguro, amado y apoyado?

9- ¿Qué actividades puedo hacer regularmente para mantener viva la conexión con mi niño interior?

10- ¿Qué cambios puedo hacer en mi vida adulta para honrar y respetar las necesidades y deseos de mi niño interior?

Estas preguntas pueden ayudarte a reflexionar sobre tu relación contigo mismo y tu niño interior, y a identificar maneras de nutrir y fortalecer esa conexión. Recuerda tomarte el tiempo necesario para explorar estas preguntas con honestidad y compasión hacia ti mismo.

FRASES MOTIVADORAS

"Tú eres suficiente tal como eres, con todas tus imperfecciones y singularidades."

"Siempre recuerda que eres valioso y mereces amor y felicidad en cada momento."

"Tu creatividad y curiosidad son tus mayores tesoros. Sigue explorando el mundo con ojos de asombro."

"No importa cuántas veces caigas, siempre puedes levantarte y seguir adelante. Eres más fuerte de lo que crees."

"Confía en ti mismo y en tus instintos. Tienes todo lo necesario para alcanzar tus sueños."

"Abraza tu imaginación y deja volar tu mente. No hay límites para lo que puedes lograr."

"Cada desafío es una oportunidad para crecer y aprender algo nuevo sobre ti mismo. No tengas miedo de enfrentarlos."

"Recuerda siempre jugar, reír y divertirte. La vida es un hermoso juego que debes disfrutar al máximo."

"Eres único y especial. No intentes ser como los demás; abraza tu autenticidad y brilla con luz propia."

"Nunca olvides que mereces todo el amor y la felicidad del mundo. Créelo y ámate a ti mismo incondicionalmente."

Estas frases están diseñadas para recordarte a ti mismo, y a tu niño interior, lo valioso y especial que eres. Recuerda repetirlas con frecuencia y permitir que te inspiren y te motiven a vivir una vida plena y auténtica.

¿PRACTICAMOS?

Ejercicios Prácticos para Conectar con el Interior

1. Conectar con uno mismo
🔍 Ejercicio del Espejo: El Encuentro Personal
Objetivo: Aumentar el amor propio y fortalecer la conexión interior.

Instrucciones:

Colocarse frente a un espejo en un lugar tranquilo.
Mirarse a los ojos durante un minuto sin distracción ni juicios. Puede resultar incómodo al principio, pero es importante mantenerse presente.
Luego, decir en voz alta tres afirmaciones positivas, como:
Soy valioso/a y suficiente tal como soy.
Confío en mí y en mi camino.
Merezco amor y bienestar.
Repetir este ejercicio todos los días durante una semana y observar los cambios en la percepción propia.

💡 **Consejos para practicarlo mejor:**
✓ **Si resulta difícil, se puede colocar una mano en el corazón para reforzar la conexión.**
✓ **Comenzar con frases más suaves, como: Estoy aprendiendo a amarme cada día.**
✓ **Si surgen emociones, permitir que fluyan sin juzgarlas.**

2. Sanando al Niño Interior

✏️ **Ejercicio: Dibujar y Escribir al Niño Interior**
Objetivo: Reconocer y sanar heridas del pasado desde el amor y la compasión.

Instrucciones:

Cerrar los ojos e imaginar a ese niño interior. Observar su edad, su expresión y su estado emocional.

Dibujar su imagen en una hoja sin preocuparse por la perfección.

Escribirle una carta con palabras de amor y comprensión, incluyendo frases como:
Te veo, te escucho y estoy aquí para ti.
Lamento que hayas pasado por momentos difíciles, pero ahora estás protegido/a.
Mereces amor, felicidad y alegría.
Leer la carta en voz alta y observar las emociones que surgen.

💡 **Consejos para profundizar en el ejercicio:**

✓ **Si resulta complicado visualizar al niño interior, se puede usar una foto de la infancia.**

✓ **Poner música relajante puede ayudar a conectar más con las emociones.**

✓ **No reprimir las emociones; si hay ganas de llorar o sonreír, permitirlo libremente.**

3. Practicando la Conciencia Plena

☕ **Ejercicio: Atención Plena en lo Cotidiano**
Objetivo: Salir del piloto automático y vivir el presente con más intensidad.

Instrucciones:

Elegir una actividad diaria (tomar café, ducharse, caminar) y realizarla con plena atención.
Si se elige el café, seguir estos pasos:
Observar su color.
Inhalar su aroma con los ojos cerrados.
Sentir la calidez de la taza en las manos.
Tomar un sorbo y saborear lentamente, notando las sensaciones en la boca.
Durante todo el proceso, evitar distracciones y centrarse en la experiencia.

💡 **Consejos para mejorar la práctica:**
✓ **Si la mente se dispersa, regresar suavemente al momento presente sin juicios.**
✓ **Aplicar este ejercicio a otras actividades diarias para reforzar la conciencia plena.**
✓ **Practicar con pequeños momentos a lo largo del día para fortalecer el hábito.**

4. Cultivar la Paz Interior

 **Ejercicio: El Frasco de la Gratitud**
Objetivo: Enfocar la atención en lo positivo para generar calma y bienestar.

Instrucciones:

Conseguir un frasco de vidrio o una caja pequeña y algunos papeles.
Cada noche, escribir en un papel tres cosas positivas del día, sin importar si son pequeñas o grandes. Puede ser un momento agradable, una conversación especial o algo que generó alegría.
Doblar el papel y guardarlo en el frasco.
Cuando se necesite recuperar la paz, abrir el frasco y leer algunos mensajes de gratitud acumulados.

💡 **Consejos para mejorar la práctica:**

✓ **Escribir con detalle, expresando cómo se sintió cada experiencia positiva.**

✓ **Hacerlo un hábito diario para entrenar la mente a enfocarse en lo bueno.**

✓ **Decorar el frasco con frases inspiradoras para reforzar la intención.**

🌊 **Ejercicio: Visualización de Paz Interior**
Objetivo: Crear un refugio mental de calma y tranquilidad para recurrir a él en momentos de estrés.

Instrucciones:

Buscar un lugar tranquilo y adoptar una postura cómoda.
Cerrar los ojos y respirar profundamente tres veces.
Imaginar un lugar seguro y pacífico: puede ser una playa, un bosque o cualquier sitio que transmita calma.
Visualizar todos los detalles del entorno: los sonidos, los colores, la temperatura, el aroma.
Permanecer en ese espacio mental durante unos minutos, respirando con serenidad.
Antes de terminar, agradecer por el momento de paz y abrir los ojos lentamente.

💡 **Consejos para mejorar la visualización:**
✓ **Practicar este ejercicio antes de dormir o al despertar para comenzar el día con calma.**
✓ **Si cuesta imaginar, usar audios con sonidos de la naturaleza para ayudar a sumergirse en la experiencia.**
✓ **Repetir frases como: estoy en paz, todo está bien en este momento para reforzar la sensación de tranquilidad.**

5. Querer un Cambio y Transformar la Vida

📑 **Ejercicio: Carta desde el Futuro**
Objetivo: Visualizar el cambio deseado y generar motivación para alcanzarlo.

Instrucciones:

Escribir una carta desde la versión futura de uno mismo, como si el cambio ya hubiera sucedido.
Describir con emoción cómo es la vida en ese momento, qué ha cambiado y cómo se siente al haber logrado la transformación.
Ser lo más detallado posible, imaginando sensaciones, acciones y pensamientos en esa nueva etapa.
Leer la carta en voz alta y guardarla en un lugar especial. Revisarla siempre que se necesite inspiración o recordatorio del propósito.

💡 **Consejos para hacerla más efectiva:**
✔ **Escribir en presente, como si el cambio ya fuera una realidad.**
✔ **Usar un lenguaje positivo y motivador para reforzar la confianza.**
✔ **Releerla en momentos de duda para recuperar la motivación.**

🔥 Ejercicio: Liberación de Bloqueos

Objetivo: Dejar ir aquello que impide avanzar y abrir espacio para el cambio.

Instrucciones:

Tomar una hoja de papel y escribir todo aquello que frena el crecimiento personal: miedos, creencias limitantes, situaciones del pasado, etc.
Leer el papel en voz alta y reconocer su impacto.
Tomar una decisión simbólica de soltarlo: romper el papel en pedazos o quemarlo de manera segura.
Mientras se hace, repetir mentalmente: Me libero de lo que ya no me sirve y abro espacio para lo nuevo.

 **Consejos para hacerlo más poderoso:**
✓ **Elegir un momento especial para realizarlo, con una vela o incienso para crear un ambiente de introspección.**
✓ **Si hay emociones intensas, permitir que fluyan sin resistirse.**
✓ **Escribir una afirmación positiva en una nueva hoja para reemplazar lo que se ha soltado.**

📌 **Reflexiones Finales:**

El Inicio de un Nuevo Camino

Este libro no es un punto final, sino un punto de partida. Cada paso que tomes hacia tu interior te acercará a la mejor versión de ti mismo. Confía en tu proceso, sé amable contigo y recuerda que cada día es una nueva oportunidad para conectar contigo y crear la vida que deseas.

📖 Diario de Reflexión: Espacio para Notas y Experiencias

¿Qué aprendí sobre mí mismo a lo largo de este libro?

¿Qué ejercicio me ha ayudado más y por qué?

¿Qué cambios pequeños puedo empezar a aplicar desde hoy?

¿Cómo me gustaría verme dentro de seis meses?

Esto convierte el libro en una herramienta de trabajo personal.

En las siguientes hojas puedes escribir todo lo que sientas respecto a las preguntas

📚 Recursos Recomendados
El proceso de conexión interior y transformación personal no termina aquí. Para seguir aprendiendo y fortaleciendo el bienestar emocional, aquí se incluyen algunos libros, aplicaciones, podcasts y canales de YouTube que pueden ser de gran ayuda.

📖 Libros Recomendados

1. "El poder del ahora" – Eckhart Tolle

Un libro esencial sobre la importancia de vivir en el presente. Enseña cómo el ego y los pensamientos limitantes nos alejan de la paz interior, y ofrece herramientas para cultivar la atención plena en el día a día.

2. "Sanar el niño interior" – Stefanie Stahl

Explora cómo las heridas emocionales de la infancia afectan la vida adulta y brinda ejercicios prácticos para sanar y fortalecer la autoestima desde la raíz.

3. "Los cuatro acuerdos" – Don Miguel Ruiz

Basado en la sabiduría tolteca, este libro presenta cuatro principios clave para vivir una vida más libre y auténtica: ser impecable con las palabras, no tomar nada de manera personal, no hacer suposiciones y dar siempre lo mejor de uno mismo.

4. "Amar lo que es" – Byron Katie

Enseña un método llamado "El Trabajo", que permite cuestionar pensamientos negativos y transformar la manera en que se perciben las dificultades.

5. "La magia del orden" – Marie Kondo

Aunque es un libro sobre organización, su mensaje va más allá del orden físico. Explica cómo el espacio exterior refleja el interior y cómo deshacerse de lo que no aporta valor en la vida.

🎙️ Podcasts Inspiradores

1. "Entiende tu mente"

Un podcast breve y práctico sobre psicología y crecimiento personal. Sus episodios ayudan a comprender mejor las emociones y ofrecen estrategias para gestionar la ansiedad, el estrés y el autoconocimiento.
🎧 Disponible en Spotify, Apple Podcasts y YouTube.

2. "Medita Podcast" – Mar del Cerro

Ideal para quienes buscan iniciarse en la meditación. Ofrece meditaciones guiadas para conectar con la calma, mejorar la concentración y practicar el amor propio.
🎧 Disponible en Spotify y Apple Podcasts.

3. "El Rincón de la Espiritualidad y Crecimiento Personal" –
Esteban Acevedo
Aborda temas como el propósito de vida, la gestión emocional y la conexión interior, con un enfoque práctico y espiritual.
🎧 Disponible en plataformas de podcast.

💌 **Carta para el Futuro: Un Mensaje desde el Presente**

Imagina que puedes enviar un mensaje a tu "yo del futuro", una versión de ti mismo que ha seguido creciendo, aprendiendo y transformándose. Esta carta es una oportunidad para plasmar tus pensamientos, sueños y compromisos, y para recordarte lo lejos que has llegado cuando la leas dentro de seis meses o un año.

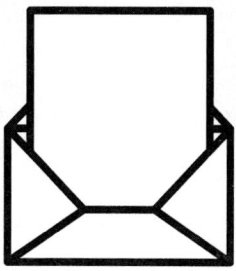

📝 **¿Cómo escribir la carta?**

Inicia con una fecha en la parte superior.
Habla desde el presente, describe cómo te sientes hoy, qué aprendizajes has obtenido y qué cambios deseas en tu vida.
Visualiza tu futuro: Describe cómo te gustaría ser en ese tiempo, qué logros esperas haber alcanzado y qué emociones deseas experimentar.
Hazte preguntas: ¿Qué le dirías a tu yo del futuro? ¿Qué le recuerdas sobre sus sueños y fortalezas? ¿Qué consejos le darías?
Cierra con un mensaje de amor y motivación, confiando en que cada paso te acerca a tu mejor versión.
📦 **Sella tu carta y guárdala en un lugar especial o prográmala en un correo para recibirla en el futuro.**
Cuando llegue el momento de abrirla, podrás ver cuánto has avanzado y sentir orgullo de todo lo que has aprendido en este camino.

🙏 Agradecimientos

Escribir este libro ha sido un viaje profundo de autoconocimiento, aprendizaje y transformación. No ha sido un camino solitario, sino acompañado de personas maravillosas que han sido parte esencial de este proceso.

A mi familia, por su amor incondicional, por ser mi refugio y mi mayor inspiración. A mis hijos, que con su luz me enseñan cada día el verdadero significado del amor y la conexión genuina. A mis amigos, que han estado a mi lado en cada paso, brindándome su apoyo, sus palabras de aliento y su compañía en los momentos más importantes.

A todas las personas que me rodean y me conocen, gracias por ser parte de mi vida, por cada gesto de cariño, por cada enseñanza y por cada instante compartido.

Y, por supuesto, a ti, querido lector. Gracias por abrir estas páginas, por confiar en este libro como una guía en tu camino, por permitirte conectar contigo mismo y explorar tu mundo interior. Espero que cada palabra aquí escrita te acompañe, te inspire y te ayude a descubrir tu propia luz.

Este libro es también tuyo. Gracias por ser parte de él.

Con gratitud infinita,

GEMA

GRACIAS POR HABER RECORRIDO ESTAS PÁGINAS CONMIGO. ESTE VIAJE HACIA TU LUZ INTERIOR NO TERMINA AQUÍ; APENAS COMIENZA. SI ALGO DE LO QUE LEÍSTE ENCENDIÓ UNA CHISPA EN TU CORAZÓN, CUÍDALA, ALIMÉNTALA Y DEJA QUE TE GUÍE.
LA LUZ QUE BUSCAS NO ESTÁ FUERA, SIEMPRE HA ESTADO DENTRO DE TI, ESPERANDO SER RECONOCIDA.
QUE CADA PASO QUE DES, A PARTIR DE AHORA, SEA MÁS CONSCIENTE, MÁS AUTÉNTICO, MÁS TUYO.
NOS VOLVEREMOS A ENCONTRAR, EN CADA MOMENTO EN QUE ELIJAS ESCUCHARTE, EN CADA DECISIÓN ALINEADA CON TU VERDAD, EN CADA INSTANTE EN QUE ELIJAS NO RENDIRTE.
CON TODO MI CORAZÓN,

GEMA

SÍGUEME EN MIS REDES SOCIALES

GEMAPC86

GEMAPEREZ